铁路货运岗位作业培训教材

# 铁路货运劳动安全

《铁路货运岗位作业培训教材》编委会　编

中国铁道出版社有限公司

2021年·北　京

## 内 容 简 介

本书为《铁路货运岗位作业培训教材》中的一种，内容包括相关法律法规、通用要求、专业要求、特殊要求、应急处置等。本书立足国家职业标准、铁路行业标准、规章制度的要求，结合新技术、新设备、新业务的发展与运用，重点突出了安全作业要求、常见事故预防的相关内容，对提高职工安全意识，保证安全生产，具有较好的指导作用。

本书可供铁路货运作业人员培训与自学使用，也可作为相关管理人员的参考用书。

**图书在版编目(CIP)数据**

铁路货运劳动安全/《铁路货运岗位作业培训教材》编委会编．—北京：中国铁道出版社有限公司，2021.6

铁路货运岗位作业培训教材

ISBN 978-7-113-27872-4

Ⅰ.①铁… Ⅱ.①铁… Ⅲ.①铁路运输-货物运输-劳动安全-岗位培训-教材 Ⅳ.①U294.1

中国版本图书馆 CIP 数据核字(2021)第 059316 号

**书　　名**：**铁路货运劳动安全**

**作　　者**：《铁路货运岗位作业培训教材》编委会

---

**责任编辑**：安　琪　　　　**编辑部电话**：(010)63583273

**封面设计**：郑春鹏

**责任校对**：孙　玫

**责任印制**：高春晓

---

**出版发行**：中国铁道出版社有限公司(100054，北京市西城区右安门西街 8 号)

**网　　址**：http://www.tdpress.com

**印　　刷**：国铁印务有限公司

**版　　次**：2021 年 6 月第 1 版　2021 年 6 月第 1 次印刷

**开　　本**：880 mm×1 230 mm　1/32　印张：2　字数：35 千

**书　　号**：ISBN 978-7-113-27872-4

**定　　价**：10.00 元

---

# 编委会

主　　任：张铁弘　魏文芳

副主任：文会春　汤　罡　李伟维

主　　编：尹晔飞　舒　衍　梁伟明

编写人员：丘志四　潘广仁　雷小芳

谢恩华　谭延耿

# 前　言

当前，我国铁路事业实现了长足发展，高速铁路、高原铁路、高寒铁路、重载铁路等领域技术已达到世界领先水平。近年来，一批新建和改造的货场、物流基地投产，货车、装卸设施设备更新升级，货运信息化建设水平提高，都为货运发展植厚了根基，同时也对货运系统职工队伍素质提出了新的更高要求。

人才培养，是新时代提高服务质量、保障运输安全的基石；职工培训，是满足铁路向现代物流企业转型、提供高素质技能人才支撑的重要途径。铁路货运业务涉及范围广，岗位工种分类细，规章数量多、关联性强、修改频繁，迫切需要梳理和建立一套完善的专业培训教材。教材不仅是劳动者终生教育和职业生涯发展的主要工具，而且是提高培训质量的重要保障。为此，广州局集团公司聚焦“交通强国、铁路先行”，组织开发了实用性、针对性、操作性强的《铁路货运岗位作业培训教材》。

《铁路货运岗位作业培训教材》由广州局集团公司货运部、职工培训部共同牵头组织，广州货运中心、长沙货运中心、衡阳职工培训基地分工负责，集中了优秀工程技术人员、工匠、首席技师编写及审定。教材涵盖了铁路货运基础知识、铁路货运票据电子化、铁路货运劳动安全、货物装载加固及超限超重运输、铁路集装箱运输、铁路鲜活货物运输、铁路货物班列运输、铁路货车篷布运用、铁路专用线货物运输、铁路货物保价及损失处理、特种设备和特种作业、铁路货运计量安全检测设备运用、铁路抑尘作业、铁路货物运输计费 14 个方面的专业内容。教材坚持继承与创新相结合，充分体现了新技术、新设备、新业务的发展与运用；教材坚持科学性与规范性，依据铁路行业标准的基本要求编写，准确体现了国家职业标准、铁路行业标准、规章制度的要求；教材坚持实用可行性原则，重点突出了应知应会、实作技能、应急处置、案例分析，既便于现场职工培训与自学，又利于管理人员提高工作水平。

本套教材适用于货运各工种适应性培训，也适用于职工新职、转岗、晋升的资格性培训和职业技能鉴定培训。在教材编写与审定过程中，得到了湖南高速铁路职业技术学院、北京扬天科技有限公司以及广州局集团公司有关部室、单位的大力支持，在此一并表示感谢。

《铁路货运岗位作业培训教材》编委会

2021 年 5 月

# 目　录

第一章　概　　述 …………………………………… 1

第一节　概　　念 ……………………………… 1
第二节　事故类别 ……………………………… 1

第二章　相关法律法规 ……………………………… 6

第一节　《中华人民共和国安全生产法》摘录 …… 6
第二节　《中华人民共和国劳动法》摘录 ……… 7
第三节　《工伤保险条例》摘录 ………………… 8
第四节　《铁路交通事故应急救援和调查处理条例》摘录 ………………………………… 10

第三章　通用要求 …………………………………… 12

第一节　基本要求 ……………………………… 12
第二节　电气化铁路 …………………………… 14
第三节　电气设备 ……………………………… 16

第四章　专业要求 …………………………………… 19

第一节　作业防护 ……………………………… 19
第二节　货物堆码 ……………………………… 20

第三节 车辆使用 …………………………………… 21
第四节 装卸机械作业 ………………………………… 23
第五节 装卸高处作业 ………………………………… 27
第六节 人力装卸作业安全要点 ……………………… 31

第五章 特殊要求 …………………………………… 33

第一节 季节性作业 …………………………………… 33
第二节 有毒有害场所作业 …………………………… 35
第三节 道路交通安全 ………………………………… 36

第六章 应急处置 …………………………………… 38

第一节 事故报告 ……………………………………… 38
第二节 事故应急处置 ………………………………… 39
第三节 事故调查处理 ………………………………… 45

附　录 ……………………………………………… 47

附录 1 劳动安全三十问……………………………… 47
附录 2 劳动安全事故案例汇编……………………… 49

# 第一章　概　　述

## 第一节　概　　念

所谓劳动安全，是指在劳动过程中防止车辆伤害、触电伤害、机械伤害、物体打击、坠落、塌陷、爆炸、火灾等危及从业人员人身安全的事故发生，以及在劳动过程中对有毒有害物质危害从业人员身体健康或者引起职业病发生的防范。

## 第二节　事故类别

### 一、事故类别

劳动安全事故是从业人员人身伤害事故，按照《企业职工伤亡事故分类》(GB 6441—1986)，劳动安全事故分为 20 类，具体是：物体打击、车辆伤害、机械伤害、起重伤害、触电、淹溺、灼烫、火灾、高处坠落、坍塌、冒顶片帮、透水、放炮、瓦斯爆炸、火药爆炸、锅炉爆炸、容器爆炸、其他爆炸、中毒和窒息、其他伤害。

### 二、铁路货运系统作业可能发生的事故类别

根据货运系统作业的特点，作业人员可能发生的伤

害事故类别主要是：物体打击、车辆伤害、机械伤害、起重伤害、触电伤害、淹溺、灼烫、火灾、高处坠落、坍塌、容器爆炸、中毒和窒息、其他伤害等共分为13类。

1. 物体打击

物体打击指失控物体的惯性力造成的人身伤害事故。

适用于落下物、飞来物、滚石、崩块所造成的伤害，但不包括因爆炸引起的物体打击。

2. 车辆伤害

车辆伤害指本企业机动车辆引起的伤害事故。

对于铁路企业而言，主要是指铁路机车车辆的撞、挤、碾、轧引起的伤害事故。

3. 机械伤害

机械伤害指机械设备与工具引起的绞、辗、碰、割戳、切等伤害。如工件或刀具飞出伤人；切屑伤人；手或身体被卷入；手或其他部位被刀具碰伤；被转动的机械缠压住等。但属于车辆、起重设备的情况除外。

4. 起重伤害

起重伤害指从事起重作业时引起的机械伤害事故。

适用各种起重作业。包括：桥式类型起重机，如龙门起重机、缆索起重机等；臂架式类型起重机，如门座起重机、塔式起重机、悬臂起重机、桅杆起重机、铁路起重机、履带起重机、汽车和轮胎起重机等；升降机，如电梯、升船机、货物升降机等；轻小型起重设备，如千斤顶、滑车葫芦（手动、气动、电动）等作业。

不适用于下列伤害：触电；检修时制动失灵引起的伤

害；上下驾驶室时引起的坠落式跌倒。

5. 触电伤害

触电伤害指电流流经人体，造成生理伤害的事故。

适用于触电、雷击伤害，如人体越过与带电设备的安全距离；人体接触带电的设备金属外壳，裸露的临时线，漏电的手持电动工具；起重设备误触高压线，或感应带电；雷击伤害；触电坠落等事故。

6. 淹溺

淹溺指因大量水经口、鼻进入肺内，造成呼吸道阻塞，发生急性缺氧而窒息死亡的事故。

7. 灼烫

灼烫指强酸、强碱溅到身体引起的灼伤；或因火焰引起的烧伤；高温物体引起的烫伤；放射线引起的皮肤损伤等事故。适用于烧伤、烫伤、化学灼伤、放射性皮肤损伤等伤害。不包括电烧伤以及火灾事故引起的烧伤。

8. 火灾

火灾指造成人身伤亡的企业火灾事故。

不适用于非企业原因造成的火灾，比如，居民火灾蔓延到企业，此类事故属于消防部门统计的事故。

9. 高处坠落

高处坠落指由于危险重力势能差引起的伤害事故。

适用于脚手架、平台、陡壁施工等高于地面的坠落；也适用于由地面踏空失足坠入洞、坑、沟、升降口、漏斗等情况。但排除以其他类别为诱发条件的坠落。如高处作业时，因触电失足坠落应定为触电事故，不能按高处坠落划分。

10. 坍塌

坍塌指建筑物、构筑物、堆置物等倒塌以及土石塌方引起的事故。

适用于因设计或施工不合理而造成的倒塌，以及土方、岩石发生的塌陷事故。如建筑物倒塌，脚手架倒塌；挖掘沟、坑、洞时土石的塌方等情况。

不适用于矿山冒顶片帮事故，或因爆炸、爆破引起的坍塌事故。

11. 容器爆炸

容器（压力容器的简称）是指比较容易发生事故，且事故危害性较大的承受压力载荷的密闭装置。容器爆炸是压力容器破裂引起的气体爆炸，即物理性爆炸，包括容器内盛装的可燃性液化气，在容器破裂后，立即蒸发，与周围的空气混合形成爆炸性气体混合物，遇到火源时产生的化学爆炸，也称容器的二次爆炸。

12. 中毒和窒息

中毒和窒息指人接触有毒物质，如误吃有毒食物，呼吸有毒气体引起的人体急性中毒事故；或在废弃的坑道、竖井、涵洞、地下管道等不通风的地方工作，因为氧气缺乏，有时会发生突然晕倒，甚至死亡的事故称为窒息。两种现象合为一体，称为中毒和窒息事故。

不适用于病理变化导致的中毒和窒息的事故，也不适用于慢性中毒的职业病导致的死亡。

13. 其他伤害

凡不属于国家规定的 20 类伤害之前 19 类的事故均称为其他伤害。如扭伤、跌伤、冻伤、野兽咬伤、钉子扎伤等。

# 第二章　相关法律法规

## 第一节　《中华人民共和国安全生产法》摘录

《中华人民共和国安全生产法》是我国第一部关于安全生产领域的综合法律，是安全生产的基本法。

(一)安全生产方针

安全第一、预防为主、综合治理。

(二)对从业人员的基本要求

1. 未经安全生产教育和培训合格的从业人员，不得上岗作业。

2. 生产经营单位的特种作业人员必须按照国家有关规定经专门的安全作业培训，取得特种作业操作资格证书，方可上岗作业。

3. 生产经营单位的从业人员不服从管理，违反安全生产规章制度或者操作规程的，由生产经营单位给予批评教育，依照有关规章制度给予处分；构成犯罪的，依照刑法有关规定追究刑事责任。

(三)从业人员依法享有以下安全生产保障权利

1. 有权了解其作业场所和工作岗位存在的危险因

素、防范措施及事故应急措施，有权对本单位的安全生产工作提出建议。

2. 有权对本单位安全生产工作中存在的问题提出批评、检举、控告。

3. 有权拒绝违章指挥和强令冒险作业。

4. 发现直接危及人身安全的紧急情况时，有权停止作业或者在采取可能的应急措施后撤离作业场所。

5. 因生产安全事故受到损害的从业人员，除依法享有工伤保险外，依照有关民事法律尚有获得赔偿的权利的，有权向本单位提出赔偿要求。

（四）从业人员依法应履行以下安全生产方面的义务

1. 从业人员在作业过程中，应当严格遵守本单位的安全生产规章制度和操作规程，服从管理，正确佩戴和使用劳动防护用品。

2. 从业人员应当接受安全生产教育和培训，掌握本职工作所需的安全生产知识，提高安全生产技能，增强事故预防和应急处理能力。

3. 从业人员发现事故隐患或者其他不安全因素，应当立即向现场安全生产管理人员或者本单位负责人报告；接到报告的人员应当及时予以处理。

## 第二节 《中华人民共和国劳动法》摘录

《中华人民共和国劳动法》第 3 条规定了劳动者享有的 8 项权利和劳动者需要履行的 4 项义务。

（一）8 项权利

1. 享有平等就业和选择职业的权利。

2. 享有取得劳动报酬的权利。

3. 享有休息休假的权利。

4. 享有获得劳动安全卫生保护的权利。

5. 享有接受职业技能培训的权利。

6. 享有社会保险和福利的权利。

7. 享有提请劳动争议处理的权利。

8. 法律规定的其他劳动权利。

（二）4 项义务

1. 劳动者应当完成劳动任务。

2. 劳动者应当提高职业技能。

3. 劳动者应当执行劳动安全卫生规程。

4. 劳动者应当遵守劳动纪律和职业道德。

## 第三节 《工伤保险条例》摘录

（一）职工有下列情形之一的，应当认定为工伤

1. 在工作时间和工作场所内，因工作原因受到事故伤害的。

2. 工作时间前后在工作场所内，从事与工作有关的预备性或者收尾性工作受到事故伤害的。

3. 在工作时间和工作场所内，因履行工作职责受到暴力等意外伤害的。

4. 患职业病的。

5. 因工外出期间,由于工作原因受到伤害或者发生事故下落不明的。

6. 在上下班途中,受到非本人主要责任的交通事故或者城市轨道交通、客运轮渡、火车事故伤害的。

7. 法律、行政法规规定应当认定为工伤的其他情形。

(二)职工有下列情形之一的,视同工伤

1. 在工作时间和工作岗位,突发疾病死亡或者在48 h之内经抢救无效死亡的。

2. 在抢险救灾等维护国家利益、公共利益活动中受到伤害的。

3. 职工原在军队服役,因战、因公负伤致残,已取得革命伤残军人证,到用人单位后旧伤复发的。

职工有前款第1项、第2项情形的,按照《工伤保险条例》的有关规定享受工伤保险待遇;职工有前款第3项情形的,按照《工伤保险条例》的有关规定享受除一次性伤残补助金以外的工伤保险待遇。

(三)有下列情形之一的,不得认定为工伤或者视同工伤

1. 故意犯罪的。

2. 醉酒或者吸毒的。

3. 自残或者自杀的。

## 第四节 《铁路交通事故应急救援和调查处理条例》摘录

1. 铁路交通事故是指铁路机车车辆发生冲突、脱轨、火灾、爆炸等影响铁路正常行车的事故,或者铁路机车车辆在运行过程中与行人、机动车、非机动车、牲畜及其他障碍物相撞的事故。

2. 根据事故造成的人员伤亡、直接经济损失、列车脱轨辆数、中断铁路行车时间等情形,事故等级分为特别重大事故、重大事故、较大事故和一般事故,见表 2-4-1。

表 2-4-1 事故等级及伤亡人数

| 事故等级 | 死亡人数 | 重伤人数 |
|---|---|---|
| 特别重大事故 | 30 人以上 | 100 人以上 |
| 重大事故 | 10 人以上 30 人以下 | 50 人以上 100 人以下 |
| 较大事故 | 3 人以上 10 人以下 | 10 人以上 50 人以下 |
| 一般 A 类事故 | 2 人 | 5 人以上 10 人以下 |
| 一般 B 类事故 | 1 人 | 5 人以下 |

注:“以上”包括本数,“以下”不包括本数。

3. 重伤。

重伤指造成作业人员肢体残缺或某些器官受到严重损伤,致使人体长期存在功能障碍或劳动能力有重大损失的伤害。其伤害部位及受伤害程度对应的事故伤害损失工作日或多处负伤其损失工作日等于或超过 300 个工作日。

4. 铁路交通事故报告。

铁路交通事故发生后，事故现场的铁路运输企业工作人员或者其他人员应当立即向邻近铁路车站、列车调度员、公安机关或者相关单位负责人报告。

# 第三章　通用要求

## 第一节　基本要求

1. 严格遵守劳动纪律和作业纪律，班前充分休息，严禁班前、班中饮酒。

2. 班中按规定着装、佩戴并正确使用防护用品，严格执行安全技术操作规程。

3. 顺线路行走时，应走两线路中间，作业人员及所携带的工具不得侵入机车车辆限界，并注意邻线的机车车辆和货物装载状态。严禁在道心、轨枕头上行走，不准脚踏钢轨面、道岔连接杆、尖轨、辙叉心等。

4. 正线与相邻线路间设有防护栅栏时，不得在正线与栅栏间行走、站立或坐卧，严禁攀越栅栏。

5. 横越线路时，应一站、二看、三通过，注意左右机车车辆的动态及脚下有无障碍物。

6. 横越停有机车车辆的线路时，先确认机车车辆暂不移动，然后在该机车车辆较远处通过。严禁在运行中的机车车辆前面抢越。

7. 必须横越列车、车列（组）时，严禁钻车。应先确认列车、车列（组）暂不移动，然后由车辆通过台或两车车钩上越过；越过时勿碰开钩销，上下车时要抓紧蹬稳并注意邻线有无机车车辆运行，经车辆通过台越过应从车梯上下车。

8. 严禁在机车车辆底下坐卧，以及钢轨上、轨枕头、道心里坐卧或站立。

9. 严禁扒乘运行中的机车车辆，以车代步。

10. 上道作业时，作业人员及防护人员必须穿戴防护服（带），不准用围巾、衣帽等遮裹耳目，严禁吸烟。

11. 在站内行走应走车站固定行走线路。

12. 在区间行走时应走路肩，不间断瞭望，在双线区间应面迎列车运行方向行走，禁止在邻线和两线中间行走或躲避列车。

13. 遇有降雾、暴风雨（雪）、扬沙等恶劣天气影响瞭望时，应停止线上作业和上道检查，必须作业时，应采取特殊安全措施，保证来车之前按规定的距离及时下道。

14. 禁止在桥梁、站台、路肩上骑自行车等交通工具。

15. 新上岗、转岗、提职职工必须进行单位、车间、班组三级安全教育及其他规定的安全教育，经培训考试合格后，方准上岗单独作业。学徒工、实习人员、干部在参加劳动、学习期间，不准单独顶岗。

16. 行车、特种作业人员，机械设备、工具操作人员，须经专业安全技术培训考试合格后，方准持证上岗。

17. 上道检修人员应配备自动报警或通信联络工具，在设有来车报警设备的区段作业时，应按规定使用报警设备。接到来车通知后，必须停止作业，迅速撤离到安全地带待避车辆。

18. 严格执行手机使用管理规定，上道作业时严禁使用手机，应急等特殊情况确需使用手机时须先确认使用地点安全。

19. 在生产(工作)中，做到我不伤害自己，我不伤害别人，我不被别人伤害。

## 第二节 电气化铁路

1. 为保证人身安全，除牵引供电专业人员按规定作业外，任何人员及所携带的物件、作业工器具等须与牵引供电设备高压带电部分保持 2 m 以上的距离，与回流线、架空地线、保护线保持 1 m 以上距离，距离不足时，牵引供电设备须停电。

2. 电气化铁路区段，具有升降、伸缩、移动平台等功能的机械设备进行施工、装卸等作业时，作业范围与牵引供电设备高压带电部分须保持 2 m 以上的距离，与回流线、架空地点、保护线保持 1 m 以上距离，距离不足时，牵引供电设备须停电。

3. 发现牵引供电设备断线及其部件损坏，或发现牵引供电设备上挂有线头、绳索、塑料布或脱落搭接等异物，均不得与之接触，应立即通知附近车站，在牵引供电设备检修人员到达未采取措施以前，任何人员均应距已断线索或异物处所 10 m 以外。

4. 需停电装卸作业时，必须先断开隔离开关停电后，在指定的货物线安全区域标志内进行装卸作业。装卸作业结束,确认所有人员已至安全地带后,方能合上隔离开关。

在装卸线的分段绝缘器内侧 2 m 处设安全区域标志。

5. 在带电的接触网下,不准在敞车、平车、罐车等车辆(棚车、保温车、家畜车内除外)上进行装卸作业,不准进行用竹竿等物测量货物装载高度等靠近接触网的作业。

6. 装卸作业时,必须在指定的线路安全区域内停电进行。作业结束,值班员确认所有人员已离开危险区域,方准合上隔离开关送电。在上述装卸线的分段绝缘器内侧 2 m 处埋设安全作业标,在标志外方或非指定带有接触网的线路上严禁登上车顶作业。

7. 电气化铁路附近发生火灾时,须遵守下列规定:

(1)距牵引供电设备带电部分不足 4 m 的燃着物体,使用水或灭火器灭火时,牵引供电设备必须停电。

(2)距牵引供电设备带电部分超过 2 m 的燃着物体,使用沙土灭火时,牵引供电设备可不停电,但须保持灭火机具及沙土等与带电部分的距离在 2 m 以上。

8. 作业人员须经电气化安全知识培训,考试合格后上岗。

9. 装卸作业应在货物线的安全作业标内进行。需停电装卸作业时,须断开隔离开关,停电并接地后,在指定的货物线安全区域内进行。

10. 装卸工组通过电气化铁路道口或进入带电接触网区域时，所携带的长型工具（如铁锹、撬棍、推拉杆等）一律保持水平状态，驾驶室外禁止坐（站）人。

## 第三节 电气设备

1. 使用中的电气设备应符合下列要求：

（1）各种电气设备及电气检测、维修工具必须绝缘良好、安全可靠。以供电电网为电源的电动机械驾驶室和电器设备操纵室内要铺有防滑、绝缘胶板。

（2）电线路接头不可松动、外露。低压照明灯的插销和插座应完好，不得绞拧线头代替插销。禁止使用线头裸露、绝缘层龟裂的电线和开关，要保持电线接头紧固、接触良好。

（3）电气设备金属外壳必须采取保护性接地或接零措施，接地电阻不超过 4 Ω。使用手持电动工具时，应有漏电保护器。

（4）开关和电线应按规定负荷装设，不得以小代大。各种电气设备的保险丝禁止加粗或以其他金属代替。电动机、电气开关须装设安全防护罩，电线应敷穿线管（槽），穿线管头须采取防磨、防水措施；电气设备开关箱、防护箱（罩）内要保持干燥，不得漏雨受潮，禁止放置易燃物品或其他杂物。

（5）电动机应独立装设分路开关和相应的保护装置，一组电动机或其他电器应装设分组的总开关和保护装置。

(6)起重机械总电源回路应设置总断路器，总断路器的控制应具有电磁脱扣功能，其额定电流应大于起重机额定工作电流，电磁脱扣电流整定值应大于起重机最大工作电流。总断路器的断弧能力应能断开在起重机上发生的短路电流。

(7)所有线路都应具有短路或接地引起的过电流保护功能，在线路发生短路或接地时，瞬时保护装置应能分断线路。

2. 电气设备操作应遵守下列规定：

(1)电气设备操作人员须经培训、考试合格，并熟知触电急救知识。

(2)操作人员衣服潮湿或手潮湿不得操作，暴雷雨天气禁止作业。

(3)联接插头与电气设备时，应先插上插头、后闭合电源开关；切断时，应先断开电源开关，后拔插头。离开电气设备时，要将电源开关箱门或操纵室门加锁。

3. 接触网隔离开关操作规定：

(1)隔离开关操作人员须经过培训并取得供电设备管理单位颁发的安全操作证后，才能担任工作。

(2)隔离开关关闭作业时，必须执行一人操作一人监护制度。

(3)隔离开关操作前，操作人必须按规定穿戴好绝缘靴和绝缘手套，确认开关及操作机构正常，接地线良好，方准按程序操作。

(4)遇雷雨天气时,禁止操作隔离开关。严禁带负荷操作隔离开关。

(5)绝缘靴、绝缘手套等安全用品,应半年进行一次绝缘耐压试验,并存放在阴凉干燥、防尘处所,使用前用干布擦拭,并进行外观检查,发现有漏气、裂损等现象禁止使用。

# 第四章　专业要求

## 第一节　作业防护

1. 在货物线上进行装卸作业，须按下列规定安设带有脱轨器的红色防护信号牌（夜间及昼间能见度较低时，为红色信号灯）。

（1）装卸作业前，装卸工组应在货物线两端来车方向左侧钢轨上设置带脱轨器的固定或移动式防护信号（尽头线路只在来车一端防护）。

（2）同一线路上两个及以上工组同时作业时，应由最先开班作业的工组（或专人）设置防护信号，最后结束作业的工组（或专人）撤除防护信号。各作业工组（有专人负责设置、撤除防护信号除外）应在防护信号上锁挂工组标识，作业完毕及时摘除。除作业工组（或专人）外，其他人员无权撤除防护信号。

（3）移动式防护信号使用完毕，应存放在不影响人身和铁路交通安全的地点并加锁。

2. 在货物线附近搬运作业时，装卸、运输机具和人员进入距钢轨头部外侧 1.5 m 以内的空间，必须安设防护信号。

3. 跨越货物线装卸作业时必须安设防护信号。跨越正线、到发线装卸作业及在邻近正线、到发线装卸作业可能侵入建筑限界时,要制定防护办法。

4. 对正在进行装卸作业的车辆中途调车时,须事先通知货运员,由货运员通知装卸工组,装卸工组接到通知后须停止作业,整理好车内(上)货物,防止倒塌、坠落和侵限,关好车门、车窗,人员、机具全部撤出限界,撤除防护信号,经货运员确认后,方可进行调车作业。

5. 通过调车作业频繁的线路时,要指定专人瞭望。

6. 装车、卸车前,装卸工组检查确认装卸机械及工索具性能是否良好、安全装置是否齐全有效,防护信号设置是否符合规定,作业区域、机械运行区域有无障碍物或非作业人员。

## 第二节 货物堆码

1. 货物距钢轨头部外侧要保持 1.5 m 以上,并不得侵入轨行式机械走行安全警示线。站台上堆码货物,货垛与站台边沿距离不得小于 1 m。货垛之间应留出机械或人行通道,机械通道宽度不小于机身宽度 1.3 倍,人行通道宽度不少于 1 m。货垛距电源开关、消防设施等不得少于 2 m。

2. 易滚动的货物应垂直于线路堆放,平顺整齐,打掩挤牢,防止磕碰挤压,不应斜插交错,不得在货物上登爬、坐卧、站立和走动。

3. 作业中应随时注意货物堆码稳固状态，查看货物包装，禁止损坏货物标签。作业中要呼唤应答。发现有异状、异味时应及时通知货运员处理。

4. 爆炸品的装载和堆码高度不得超过1.8 m。

5. 危险货物存放时要求按类、项区别专库专用，如不同类项的危险货物确需同库混合存放，应符合“铁路危险货物配放表”的规定。

## 第三节　车辆使用

1. 开关车门须执行下列规定：

(1)开关车门须使用拉门绳，迎面禁止站人，禁止手扶、肩靠门框直接推拉车门，防止车门落下或货物溜下砸伤。禁止用手推车、叉车等装卸机具顶撞车门。不得擅自拆卸车门、车窗。

(2)开启棚车车门前，要先检查确认门鼻、滑轮、轮槽无损坏、出槽及其他异状，再用拉门绳将门拉开小缝，检查车内货物有无倒塌，确认车门无脱落危险后再将车门开到最大，然后翻转门柱上的车门止铁，阻挡车门滑动。关车门时，也要先检查后用绳拉。禁止从棚车窗口装卸货物。

(3)敞车中门开启后，须固定牢靠。开启敞车下侧门时，应用拉门绳从车上拉起，将下侧门折页上的挂环挂到上侧梁的挂钩上，或用支门器支开、车门卡卡牢，不准掩夹石块等物，车上人员要防止车门开启后随货物滑落。

开关敞车车门必须逐个地开关。开关下侧门时应做好呼唤应答，确认门下无人后再开启或放下；关闭中门，须确认闭锁可靠。

进出敞车车厢应从中门进出，不得从开启的敞车下侧门钻进钻出。

(4)敞车装载货物，采用钢丝绳等拉牵绳穿过下侧门进行加固时，不得强力锁闭搭扣，必要时应采用铁线等对搭扣、下侧门进行捆绑固定。

(5)开关底开门车辆的车门时，车内禁止留人，关门时必须按搭扣定位逐个扣好。开关有联动装置的底车门，松放或拧紧摇柄时，注意防止摇柄返回伤人。遇有些车型不了解车门开关方法时，应报告货运员联系车辆部门处理。

(6)作业完毕应把车门、车窗、端侧门关好，插牢全部销子和搭扣。

2. 罐车打开人孔盖时，严禁敲击活节螺栓，以防损坏。打开或关闭人孔盖时，应握紧手把缓慢操作，以防损坏或与人孔座强力碰撞产生火花。

3. 罐车需加热卸车时，严格按照车辆设计装卸方式作业，地面蒸汽源阀门必须缓慢开启、关闭，加热管路进汽主管管口处蒸汽压力不得大于车辆允许压力；禁止直接从人孔处通蒸汽进行加热；禁止热源直接作用于车辆各种阀、制动缸、软管和各种接头。

# 第四节 装卸机械作业

## 一、通用操作

1. 各类装卸机械及工索具严禁超负荷使用，负荷不明确的应校定后使用。特种设备未经注册、检验，不得使用。装卸机械超过大修期、安全装置失效（不全）的应停止使用。严禁使用已报废的装卸机械。

2. 操作装卸机械，应按其安全技术操作规程和作业标准进行，起动时应逐档变速。起重机负荷超过70%额定能力时，禁止同时进行两种及以上操作。运行方向逆变时须停车，不得以倒车代替制动（危及安全的紧急情况除外），也不可长时间以低速档作业。严禁使用装卸机械、货物及工索具顶撞、推拉铁路车辆和篷布。

3. 装卸机械作业前，作业人员要了解装卸机械走行路线及作业区内行车设施、电杆、电线（缆）等情况，防止刮碰。不能满足集装箱正面吊、汽车吊、轮胎吊、挖掘机、抓（扒）料机等机械回转半径及安全距离的，禁止使用。

4. 流动式装卸机械作业时，要在作业区关键位置设置安全警示标志，防护人员穿反光防护服、配口笛或对讲机，站立安全位置。非作业人员、设备，不得进入作业区域。

5. 各种装卸机械操作前要鸣喇叭（铃）示意。流动式装卸机械进出车门、库门、箱门，通过人员、设备通道，在坡道、转弯等视线不良地段或繁忙地带应减速鸣笛或停车避让。

6. 各种机械运行时，禁止人员上下，禁止从事检修作业，禁止在桥门式起重机主梁或走台上行走。作业时，起重臂下、回转机构上、吊起的货物下面及货物上面禁止站人。不得扒乘装卸机械代步。

7. 流动式装卸机械在站台上应平行于线路停放，距站台边沿不小于 1 m。禁止在站台边垂直于线路或在坡道上停放。

8. 流动式装卸机械在货场内行驶速度不得超过 15 km/h，站台上行驶不得超过 10 km/h，在转弯、进出车(库)门及危险区域不得超过 5 km/h。在通道、转弯、仓库等明显位置应设置限速、警示标志。

9. 同一线路上，2 台及以上轨行式装卸机械，应安设防撞保护装置，保持 3 m 以上安全距离。顺向作业时，应隔车进行；相向作业至最后一辆货车时，须单台机械作业。

同一区域，多台流动式装卸机械同时作业时，安全间距应不小于下列数值：

(1)集装箱正面吊、抓(扒)料机、汽车吊、轮胎吊：30 m。

(2)装载机、5 t 以上叉车：间隔 1 辆车。

(3)小型叉车：3 m。

10. 桥门式起重机(含抓斗、电磁吸盘)、装卸车机、装载机、抓(扒)料机等机械装卸散堆装货物时，辅助人员须戴安全帽、与机械间隔至少一车作业，并在其作业车辆的醒目位置用红旗(灯)进行防护。

11. 起重机作业时，吊钩和吊起的货物禁止从人员或贵重物品上空通过，距运移线内的最高障碍物保持 0.5 m 以上距离。

## 二、起重机安全操作措施

1. 起重作业前准备。

(1)必须正确佩戴个人防护用品。起重机司机、指挥人员需持证上岗。

(2)检查清理作业场地，确定搬运路线，清除障碍物。室外作业应了解天气预报。流动式起重机要垫实支撑地面，牢固可靠打好支腿，防止地基沉陷。

(3)熟悉吊物状况，根据技术数据进行受力计算，确定吊点位置和捆绑方式。

(4)对起重机各设备部件状态和吊装工具辅件等进行安全检查、交接。

(5)对于大型、重要物件吊运或多台共同作业吊装，须由物件有关人员、指挥、起重机司机和司索工共同确定作业方案，必要时提报审查批准。

(6)作业前应做好安全预测，对可能出现事故，采取有效预防措施，制定应急处置对策。

2. 作业过程中安全事项。

(1)操作前和操作中接近人，必须及时鸣铃或示警。

(2)操作过程中严格执行“六不准”:不准利用权限位置限制器停车;不准利用打反车进行制动;不准在起重作业中进行检查和维修;不准带载调整起升、变幅机构的制动器,或带载增大作业幅度;不准吊物从人头顶上通过;吊物和起重臂下不准站人。

(3)严格按指挥信号操作,接到紧急停止信号,均必须立即紧急停止作业。

(4)吊载接近或达到额定值,或起吊危险品(液态金属、有害物、易燃易爆物)时,吊运前认真检查制动器,并用小高度、短行程试吊,确认没有问题后再吊运。

3. 作业过程中指挥注意事项。

(1)无论采用何种指挥信号,必须规范、准确、明了。

(2)指挥者所处位置应能全面观察作业现场,并使司机、司索工都可清楚看到。

(3)在作业进行的整个过程中(特别是重物悬挂在空中时),指挥者和司索工都不得擅离职守,应密切注意观察吊物及周围情况,发现问题,及时发出指挥信号。

4. 作业过程中,所有人员应根据现场作业条件选择安全的位置作业。在卷扬机与地滑轮之间穿越钢丝绳的区域,禁止人员停留和通行。起重吊装过程中必须设专人指挥,其他人员必须服从指挥。

5. 作业过程中严格执行“十不吊”。

(1)超重或埋藏地下物不吊。

(2)非信号人员指挥或信号不明不吊。

(3)重量不明不吊。

(4)吊钩没对准货物重心(歪拉斜拽)不吊。

(5)未试吊不吊。

(6)简化挂索、捆绑不牢不吊。

(7)6 m 以上长大货物无牵引绳或司索钩不吊。

(8)货物上有人,有浮摆物或钩连其他货物不吊。

(9)吊索夹角过大不吊(不宜超过 90°)。

(10)金属尖锐楞角货物吊索无衬垫不吊。

6. 作业过程中吊运物品坚持“三不越过”。

(1)不从人头上越过。

(2)不从汽车、火车头上越过。

(3)不从设备上越过。

7. 作业完毕。

(1)将吊钩升至规定高度,吊钩不准悬挂重物;小车停到驾驶室一端。

(2)露天起重机作业完毕后应加以锚定。

(3)各控制器手柄必须放于“0”位,切断电源。

(4)认真填写运行记录、交接班记录,特别是不安全因素必须交代清楚。

8. 工作中突然断电,应将所有控制器手柄扳回零位;重新工作前,应检查起重机是否正常。

## 第五节　装卸高处作业

离地 2 m 及以上作业称为高处作业。

## 一、基本规定

1. 高处作业人员须佩戴安全帽，有安全钩挂处时须戴安全带（有防护栏除外），穿着防滑的鞋子。患禁忌症人员，不得从事高处作业。

2. 遇有6级及以上大风（表4-5-1）、雷暴雨天气，禁止露天高处作业。夜间或雾霾天，地面照度不足5 lx时，禁止作业。

**表4-5-1　风力分级**

| 风力（级） | 名称 | 风速（m/s） | 风的特征 |
|---|---|---|---|
| 0 | 静风 | 0.0～0.2 | 静，烟直上 |
| 1 | 软风 | 0.3～1.5 | 烟能表示风向，但风向标不能动 |
| 2 | 轻风 | 1.6～3.3 | 人面感觉有风，树叶微响，风向标能转动 |
| 3 | 微风 | 3.4～5.4 | 树叶及微枝摇动不息，旌旗展开 |
| 4 | 和风 | 5.5～7.9 | 能吹起地面灰尘和纸张，树的小枝摇动 |
| 5 | 清劲风 | 8.0～10.7 | 有叶的小树摇摆，内陆的水面有小波 |
| 6 | 强风 | 10.8～13.8 | 大树枝摇动，电线呼呼有声，举伞困难 |
| 7 | 疾风 | 13.9～17.1 | 全树摇动，迎风步行感觉不便 |
| 8 | 大风 | 17.2～20.7 | 微枝折毁，人行向前感觉阻力甚大 |
| 9 | 烈风 | 20.8～24.4 | 建筑物有小损（烟囱顶部及平屋摇动） |
| 10 | 狂风 | 24.5～28.4 | 陆上少见，见时可使树木拔起或使建筑物损坏严重 |
| 11 | 暴风 | 28.5～32.6 | 陆上很少见，有则必有广泛损坏 |
| 12 | 飓风 | 32.7～36.9 | 陆上绝少见，摧毁力极大 |
| 13 | — | 37.0～41.4 | — |

续上表

| 风力（级） | 名称 | 风速（m/s） | 风的特征 |
|---|---|---|---|
| 14 | — | 41.5～46.1 | — |
| 15 | — | 46.2～50.9 | — |
| 16 | — | 51.0～56.0 | — |
| 17 | — | ≥56.1 | — |

注：引自 GB/T 28591—2012《风力等级》、GB/T 19201—2006《热带气旋等级》。

3. 装卸敞车装载的轻泡货物以及苫揭篷布，上下时应用梯子，并有人扶护。梯子上有人时，不准移动梯子。梯子必须坚实，不得缺层，梯子底部应有防滑措施，梯阶间距不大于 0.4 m。

4. 高处作业必须蹬稳抓牢，否则不得双脚站在车帮上。多人联合操作时，应执行呼唤应答确认制度，动作必须协调一致。

5. 卸敞车顶层装载的轻泡货物时，应使用滑板、滑杠溜下或用绳索吊卸一部分，腾出安全操作地点再作业。禁止直接将货物从高空摔（抛）下。

6. 揭苫篷布时，车上作业人员应站在车顶部纵向中线位置，面向距车帮最近处的车外方向。苫盖篷布时，先将迎风面绳子放下拴好，随放随拉随拴。揭篷布时由车的迎风端解开绳索卷起，两侧篷布随解随卷，车上作业人员应站在上风头。

7. 高处作业使用的工具要传递，不得扔上扔下。

## 二、人员要求

1. 高处作业的人员必须身体健康，并必须定期进行体格检查。

2. 凡从事高处作业的装卸人员必须经高处作业上岗前安全技术培训，经考训合格后，方可上岗作业。

3. 不准患有高血压、心脏病、贫血、癫痫病等不适合高处作业的人员，从事高处作业；对疲劳、精神不振和思想情绪低落人员要停止高处作业。

4. 从事高处作业的人员严禁岗前饮酒，作业中严禁追逐、嬉闹、开玩笑，在作业的高处睡觉。

## 三、防护要求

1. 高处作业人员的个人着装根据实际需要配备安全帽安全带和有关劳动保护用品；不准穿高跟鞋、拖鞋、硬底鞋或赤脚作业。

2. 在列车顶上作业时，不准将工具、材料放在边沿脚位，防止受震后落下伤人。

3. 材料应堆放整齐、平稳，作业场地及时清扫，每天做到工完场清。

4. 吊运一切物料都必须由持有司索工上岗证人员进行指挥，散料应用吊篮装置好后才能起吊。

5. 高处作业使用的工具、零部件、材料必须装入工具袋，上下时手中不得拿物件，正确使用各种工具、专门的用具传递，禁止上下抛掷。

6. 物料传递不准往下或向上乱抛材料和工具等物件;上下传送材料,特别是易滑的钢材,绳结必须系牢,此防止材料散落伤人;严禁上下作业和抛递工具、材料。

7. 使用梯子作业时,先检查梯子是否坚固,放置要牢靠,不可使其摇动或倾斜过度,梯脚应采取防滑措施(包脚),戴好安全帽,必须有人扶梯监护,方可作业;禁止两人同时在梯上作业。

8. 桥门吊、装卸车机的走行通道及扶梯,都必须加设防护栏杆。防护栏杆应用金属材料制作,要符合安全要求。

9. 从事高处作业时,必须注意架空电线,做好隔绝措施。

10. 在车上进行装卸作业的人员,应面向车外,站立位置距离车帮留有足够安全距离,脚要站稳。多人作业时,应进行呼唤应答,操作一致。

## 第六节 人力装卸作业安全要点

一、扛、抬、搭、落等安全要求。

1. 肩扛:圆形、易滑货物每次限扛一件,小件货物两个及以上的可捆扎为一件。

2. 抬:多人伙抬时应喊号同起同落。捆绑货物的绳索夹角不宜小于30°,防止货物在绳套中翻动。

3. 搭、落:搬取前,货物的高度不应超过作业人员的头部,搭放堆码的高度也不应超过作业人员的头部,否则应有垫脚。易碎品、贵重品、箱装、桶装和纸袋类等怕摔的货物应有专人接肩。

4. 使用铁锹时，禁止以腹部顶推铁锹柄铲取物料。

二、人力装卸搬运货物要双手拿稳、弯腰轻放，禁止砸、摔、抛、掷货物；拆解货垛应自上而下，禁止从底部将货垛推倒或抽芯使货垛坍塌后搬运。人体搬运重量限值按国家有关规定执行。

三、在跳板上行走要避免产生共振，同一跳板上行走人数不得超过 2 人。在货垛上不得蹬踏包装的易损部位。

四、装载虎头车时，应从虎头车的车舌处依次往车把处装载（必要时要人扶车把）；卸货时相反。载货在坡道上行走时，人员不得位于虎头车的下方。

五、人员或虎头车进出汽车作业前，须搭设渡板，汽车须拉紧手制动，采取防溜措施。人力在汽车上装卸、堆码货物，站立位置超出车帮且离地面 2 m 以上时，要使用防护围栏（网）或拴挂安全带进行防护。

# 第五章　特殊要求

## 第一节　季节性作业

### 一、夏季

1. 高温天气来临前，组织对高温天气作业人员进行健康检查，对患有心、肺、脑血管性疾病、肺结核、中枢神经系统疾病及其他身体状况不适合高温作业环境的人员，应当调整岗位。

2. 高温期间，按照“干两头、歇中间”的原则，调整作业时间，增加高温工作环境下作业人员休息时间、减轻劳动强度、减少高温时段室外人力装卸作业。

(1)日最高气温达到 40 ℃以上，应当停止当日室外露天作业。

(2)日最高气温达到 37 ℃以上、40 ℃以下时，用人单位全天安排劳动者室外露天作业时间累计不得超过 6 h，连续作业时间不得超过国家规定且在气温最高时段 3 h 内不得安排室外露天作业。

(3)日最高气温达到 35 ℃以上、37 ℃以下时，用人单位应当采取换班轮休等方式，缩短劳动者连续作业时间，并且不得安排室外露天作业劳动者加班。

3. 装卸机械司机室要有防暑降温设施。作业场所应备有清凉饮料和防暑药物，配备应急救援人员，制定中暑抢救预案。

4. 作业中，根据工作条件和作业特点，采取通风、防晒、降温等防暑措施。

5. 对大型露天装卸机械的防风、防雨、防雷、防触电设施进行全面检查、维护，使其保持状态良好。

## 二、冬季

1. 冰冻及霜雨雪天气，作业前要及时清扫作业场地、通道、扶梯、车辆篷布和货物上的冰雪，道路上撒垫炉灰、锯末、溶雪剂等防滑物品。在铁底敞车内作业时亦应采取防滑措施。

2. 装卸机械的梯子、扶手、踏板应采用防滑材料（结构）或采取防滑措施。冰雪天气作业前，应及时清除机械走行平台、踏板处的冰雪。

3. 冬季室外作业人员的防寒帽应留有透音耳孔，使用铁柄工具须戴手套或包扎棉布，装卸机械司机室和班组间休室要有取暖设施，禁止采用电炉取暖。

4. 冰雪天气，流动装卸机械作业或上下站台，应采取防滑措施，禁止高速行驶或沿站台边行驶。内燃机械启动前，要预热，防止损伤机件。

5. 雪雾霾天作业时，防护信号牌（灯）模糊不清须及时擦拭或设专人防护；起重指挥信号识别不清时，停止作业。

## 第二节　有毒有害场所作业

1. 当接触危险化学品时，不能吃、喝、吸烟及嚼口香糖。

2. 不要在化学物品区域或生产岗位存放食物及饮料。

3. 与危险化学品接触后，必须用肥皂洗手。

4. 避免皮肤及眼睛与危险化学品直接接触。

5. 绝对不能用裸手与危险化学品接触。

6. 如果发现有粉尘，必须立即戴防粉尘面具，面具中的过滤器应该定期更换。

7. 定期更换脏衣服，危险化学品区所有的劳动防护用品要单独存放。

8. 熟悉掌握并遵守紧急救护的有关规定和步骤。

9. 需要进入存在高毒物品的设备、容器或者狭窄封闭场所作业时，用人单位应当事先采取下列措施：

(1)保持作业场所良好的通风状态，确保作业场所职业中毒危害因素浓度符合国家职业卫生标准。

(2)为劳动者配备符合国家职业卫生标准的防护用品。

(3)设置现场监护人员和现场救援设备。

未采取前款规定措施或者采取的措施不符合要求的，用人单位不得安排劳动者进入存在高毒物品的设备、容器或者狭窄封闭场所作业。

## 第三节　道路交通安全

1. 不准安排试用期未满的司机驾车进入高速公路：高速公路里程单程超过 600 km 的，必须配备 2 名司机执行驾车任务；在高速公路连续驾驶时间不得超过 3 h 和当天实际驾驶时间累计不得超过 8 h，确实因工作需要超过连续驾车时间规定的，要配备 2 名司机（当地公安交警部门对此条如有具体规定，按从严管理规定执行）。

2. 不符合高速公路行驶条件的车辆，不得安排进入高速公路。凡进入高速公路行驶的车辆，必须使用质量良好的轮胎；严禁使用不符合要求的劣质轮胎，预防机动车行驶中“爆胎”导致恶性交通事故。

3. 防止职业禁忌症影响安全行车。患有妨碍安全行车疾病（如：脑血管、心血管疾病，癫痫，眩晕，发烧，严重的耳疾、眼病，肢体严重伤残等）的汽车司机，不准驾驶车辆。

4. 杜绝严重违章行为驾驶车辆。严禁无证、酒后、疲劳、超速、超载、逆行、闯红灯和违反禁令标志以及不服从执勤交警指挥等违章行为驾驶车辆。

5. 保持行驶中的安全距离。同车道行驶时与前车的安全距离、会车或超车时两车侧向的安全距离、超车后与被超车车辆的安全距离、车轮至路边安全距离，在按规定保持行车间距的基础上，还要结合当时的天气、路面、车速、装载等情况，增长安全距离。

6. 雨雪雾天行驶安全。在恶劣气候驾驶时应降低车速，加长制动距离，提前做好安全防范准备，避免制动车辆、打方向盘时惊惶失措等现象。行驶在有冰雪的路面要加设防滑链条，雾天要开防雾灯等。

7. 通过无人看守铁路道口。通过无人看守道口时，汽车驾驶员必须做到“一停、二看、三通过”，不得抢道或盲目通过。

8. 倒车时安全。倒车前须察明车后情况，确认安全后方准倒车。

9. 车辆载人安全。不准超过行驶证上核定的载人数，货车不准人货混载。

10. 货物的安全装载。装运货物时必须遵守车辆装载规定，严禁超载、超高、超长、超宽，货物装载须均衡平衡，捆扎牢固等。超过装载规定范围的，必须经公安机关交通管理部门批准后，按规定和要求行驶。

11. 危险货物的安全运输。运输易燃、易爆、危险品前，必须事前按规定办理准运证，汽车司机和押运人员必须经过专门的安全技术培训并考核合格，严格执行危险品运输的规定。

12. 严格要求汽车司机按交通信号、交通标志、交通标线和车辆行驶的规定驾车，遵守会车、转弯、掉头、停车和夜间行驶规定，遵守带挂车、牵引车辆的规定，不得强行或违章超车等。司机出车前要充分休息好，驾驶汽车时必须集中精神专心驾驶，排除外界干扰，不做任何妨碍安全行车的事情，要准确判断路面、行人和车辆情况，提高对突变情况的处理能力。

# 第六章 应急处置

## 第一节 事故报告

对铁路交通事故和生产安全事故造成的从业人员伤亡，生产过程及上下班（上下工）途中道路交通事故造成的从业人员伤亡，以及从业人员在生产过程或工作岗位突发疾病死亡，不论原因、责任、伤害程度及伤亡人员归属，都必须按有关规定立即报告：

1. 发生轻伤事故，事故现场的作业人员或者其他人员应当立即向本单位报告，如事故影响铁路行车时，还必须向邻近车站、列车调度员报告。单位有关人员接到报告后，应立即向单位主要负责人及分管领导、工会报告，同时报集团公司安全生产监督管理部门、相关专业管理部门和辖区办事处安监室或安监分室。

2. 发生一般及以上从业人员伤亡事故，属于铁路交通事故的，事故现场的作业人员或者其他人员应当立即向邻近车站、列车调度员、公安机关及相关单位主要负责人报告；属于生产安全事故的，事故现场的作业人员或者其他人员应当立即向公安机关及相关单位负责人报告。有关单位和人员接到报告后，应当立即向本单位主要负责人及分管领导、工会报告，同时报集团公司安全生产监督管理部门、相关专业管理部门、社保中心和工会生产部。

3. 事故报告的内容：事故发生的时间、地点、区间（线名、公里、米）、事故相关单位和人员；发生事故的列车种类、车次、编组及事故发生部位；区别报告伤亡人数和人员姓名、性别、年龄、工种、伤情；对铁路行车的影响情况；事故原因的初步判断，事故发生后采取的措施及事故控制情况；是否需要救护车及应当立即报告的其他情况。

4. 发生事故单位应当于事故发生后，立即填写“铁路企业伤亡事故概况表”，报铁路局集团公司安全生产监督管理部门。

## 第二节　事故应急处置

### 一、现场应急处置

1. 迅速救治。发生从业人员人身伤亡事故，现场有关人员应立即采取救治措施、拨打“120”急救电话或就近医疗机构联系电话请求救助。

2. 立即报告。

3. 保护现场。现场有关人员应当采取措施对现场与事故有关的物体、痕迹、状态进行保护，不得破坏，待上级调查组勘察。对难以保留的痕迹物证，必须采取拍照或摄像的方式固定证据，交上级调查组审查。

4. 接到现场事故报告后，有关单位应指导现场人员立即采取措施，防止事故扩大，其主要负责人应根据事故情况，召集应急处置人员立即赶赴现场，合理分配应急人员分工，在配合上级事故调查组工作的同时，做好事故善后处理工作。

## 二、应急处置要点

1. 装卸作业人员发生人身伤害，应急处置要点：

(1)立即停止作业，停机(断电)，将受伤人员移至安全区域，将中毒、中暑人员移至阴凉、通风处所。不宜移动或无法移动的应就近采取急救措施。

(2)对受伤人员进行必要的救护。

(3)立即向负责人或值班调度人员报告，组织送医院或拨打急救电话。

(4)保护好现场，积极协助有关部门调查、取证。

2. 装卸作业过程中，发生货车脱轨或倾覆，应急处置要点：

(1)通知相关人员立即离开危险区域，避免或减轻人身伤害。

(2)立即向负责人、值班调度人员或值班员报告事故发生的时间、地点、货车脱物或倾覆辆数及人员伤亡情况等。

(3)照事故救援统一指挥做好相关工作，保护人身和财产安全。

(4)保护好事故现场,积极协助有关部门调查、取证。

3. 装卸作业过程中,发生机械设备事故,应急处置要点:

(1)停止作业,将装卸机械停机或切断电源。

(2)立即通知相关人员离开危险区域避免或减轻人身伤害。

(3)立即向负责人或值班调度人员报告事故发生的时间、地点、设备损毁及人员伤亡情况等。

(4)保护好事故现场,积极协助有关部门调查、取证。

4. 装卸场所发生火灾、爆炸,应急处置要点:

(1)装卸机械、货物、作业(维修)场所、加(储)油点冒火苗或初起火灾时,应立即使用附近适宜的消防器材进行扑救。

(2)扑救初起火灾无效或火势蔓延有爆炸危险时,应立即拨打“119”火警电话,并向负责人或值班调度人员报告。

(3)按照事故救援统一指挥做好相关工作,保护人身和财产安全。

(4)保护好事故现场,积极协助有关部门调查、取证。

5. 发生铁路危险货物运输事故,处置要点:

(1)立即组织营救和救治受害人员,疏散、撤离或者采取其他措施保护危害区域内的其他人员。

(2)迅速控制危害源,测定危险化学品的性质、事故的危害区域及危害程度。

(3)针对事故对人体、动植物、土壤、水源、大气造成的现实危害和可能产生的危害,迅速采取封闭、隔离、洗消等措施。

(4)对危险货物运输事故造成的环境污染和生态破坏状况进行监测、评估,并采取相应的环境污染治理和生态修复措施。

## 三、非正常情况应急处置

1. 露天桥门式起重机作业中突遇大风时,应急处置措施:

(1)立即停止作业,实施紧急制动。

(2)辅助人员施放错定装置、夹轨器、铁鞋等。

(3)司机切断电源,关闭司机室门窗离开。

2. 起重机械触碰带电电线或电缆时,应急处置措施:

(1)司机室内的人员不要立即下车。

(2)警告其他人员远离起重机械,不要触碰起重机械、绳索或货物的任何部分。

(3)在没有人接近起重机械的情况下,司机可尝试开动起重机械,甩开电线或电缆。

(4)如果起重机械不能开动,司机应留在驾驶室内,设法通知供电部门处理。在确认处于安全状态之前,不要采取任何行动。

(5)由于触电引发起重机火灾或者其险情况，司机应离开司机室，尽可能跳离，人体部位不要同时接触起重机械和地面。

(6)立即报告有关人员。在得到帮助之前，应有人留在起重机附近，以警告危险情况。

3. 流动式装卸机械在道口突然熄火或发生故障无法行驶时，应急处置措施：

(1)立即向车站值班员或货运人员报告，并组织在平交道口的人员及时撤离。

(2)开启装卸机械的所有灯光、音响及报警装置，以警示车辆及行人。

(3)如遇该线路正在进行调车作业或即将有列车通过，应挥动红色信号旗(灯)，停调车车列或列车。在安全区域以最快的速度迎向来车方向，拦停调车车列或列车。

(4)待车站值班员同意，并对线路进行防护后，组织人员、设备将故障机械移出平交道口。

4. 流动机械在坡道上遇有故障不能行使时，应急处置措施：

(1)立即深紧制动器，并拉紧手制动。

(2)将工作装置落地。

(3)掩住车轮。

(4)排除故障。

5. 装卸人员手推调车，货车发生逸时，应急处置措施：

(1)立即拧紧人力制动机。

(2)在溜逸车辆前 20 m 以外的线路上放置障碍物,阻止车辆继续溜逸。

(3)在采取以上措施的同时,应立即向车站值班员或货运人员报告车辆溜逸的方向和位置,按照统一指挥采取相应措施。

6. 皮带输送机在运行过程中皮带被卡时,应急处置措施:

(1)应立即关闭电源(内燃机械发动机熄火)。

(2)对皮带输送机走行部位进行制动后,由检修人员进行检修。

(3)检修完毕,待人员撤离输送带后,重新启动。

7. 各种机械发生突然熄火或断电时,应急处置措施:

(1)立即将控制器恢复"0"位,关闭总开关。

(2)如货物在空中,应使货物缓慢降落。

(3)如装卸机具(包括抓斗、钩头料(铲)斗、电磁吸盘)或货物侵入限界,不得撤除防护信号。

8. 使用氧气、乙炔,有回火现象时,应急处置措施:

(1)立即关闭焊枪上各阀门。

(2)折弯并握紧乙炔气软管或关闭乙炔瓶出口阀,切断气源。

(3)焰火熄灭前,不得把燃烧的焊枪放下。

## 第三节　事故调查处理

### 一、调查权限

1. 轻伤事故由铁路局集团公司安全生产监督管理部门指导相关单位进行调查处理。

2. 一般及以上从业人员伤亡事故由铁路局集团公司按照《生产安全事故报告和调查处理条例》《铁路交通事故应急救援和调查处理条例》及有关规定，组织或参与从业人员伤亡事故调查处理工作。

3. 从业人员伤亡事故调查处理应当按照科学严谨、依法依规、实事求是、注重实效和“四不放过”的原则，及时、准确地查清事故原因，查明事故性质和责任，总结事故教训，提出整改措施，并对事故责任人员提出处理意见。对涉嫌触犯法律的人员，应当依法移交司法机关追究法律责任。

### 二、原因分析

1. 事故直接原因

事故直接原因指由人的不安全行为（或失误）和物的不安全状态（或故障），以及环境因素等相互作用，直接导致事故发生的原因。事故直接原因是直接导致事故发生的原因，大多属于具体操作范围。

2. 事故间接原因

事故间接原因指使直接原因得以产生和存在的原

因。事故间接原因是那些导致直接原因存在和发展的深层次的原因,大多属于管理范畴。

3. 事故主要原因

事故主要原因指对事故的发生起主导作用的原因。事故主要原因是造成事故发生的若干原因中主要的或最重要的、主导或制约导致事故的各因素的那个原因。

4. 事故次要原因

事故次要原因指对事故的发生起次要、辅助、推动作用的原因。也可再细分为重要原因和次要原因。

# 附　　录

## 附录 1

### 劳动安全三十问

1.《中华人民共和国安全生产法》第 49～51 条规定从业人员依法应履行安全生产方面的义务是什么？

2. 根据《中华人民共和国工伤保险条例》哪些情形之一的，不得认定为工伤或者视同工伤？

3. 如何横越线路？

4. 如何横越停有机车、车辆的线路？

5. 电气化铁路区段装卸作业有什么要求？

6. 发现接触网断线及其部件损坏或在接触网上挂有线头、绳索等物，如何处理？

7. 上下传递工具、配件时有什么规定？

8. 各种机械突然发生熄火或断电时应怎么处理？

9. 如何正确使用拉门绳开关车门？

10. 哪些天气情况禁止高处作业？

11. 高处作业时有什么要求？

12. 装卸人员如何在车上进行装卸作业？

13. 爬上爬下大集装箱时有什么规定？

14. 易燃易爆品的装卸作业有什么要求？

15. 毒害品作业的安全要求是什么？

16. 电气化区段需停电装卸作业时有什么规定？

17. 防寒过冬安全工作措施“六防”是什么？

18. 暑季露天作业如何防止中暑？

19. 如何做好雨雪雾天机动车行驶安全?

20. 司索人员校正悬空货物位置有什么规定?

21. 门吊“十不准”起吊规定是什么?

22. 起重工在起吊时应站在安全地点有什么规定?

23. 门吊装卸设备遇有停电时如何处理?

24. 桥门吊作业遇有6级以上大风突起时,应如何处理?

25. 装卸作业前如何设置防护信号?

26. 叉车作业行驶会车有什么规定?

27. 叉车作业“五不叉”是哪些?

28.“三懂三会”是什么?

29. 发生有人员中暑时应怎么处理?

30. 采取什么方式使触电者脱离电源?

附录 2

# 劳动安全事故案例汇编

## 一、案例一:“2·12”某车辆段责任一般 B1 类事故

1. 事故概况

2012 年 2 月 12 日 0 时 39 分,某车辆段某客车运用车间当班劳务工廖某,在接 K636 次进站作业时被列车撞倒,1 时 05 分经 120 送往某人民医院,与 13 时 40 分抢救无效死亡,构成责任一般 B1 类事故。

2. 事故原因

(1)责任者劳动安全意识淡薄,有章不循。责任者上班前违反“上班前严禁饮酒、要充分休息好,保证工作时精力充沛,思想集中……”的规定及在横越 3 道时未执行“一站、二看、三通过……顺线路走时,应走两线路中间……不准在钢轨上、轨枕头、道心里坐卧或站立……”等规定。

(2)车间、班组管理人员对现场盯控不到位,作业失控。经查当天廖某手机通话记录,21 时 30 分—22 时 11 分廖某手机连续通话时间长达 41 min。

## 二、案例二:“5·7”京广线 Z137 次撞死一名某工务段现场施工防护员一般 B1 类事故

1. 事故概况

事故概况:2017 年 5 月 7 日,某工务段按当日施工计

划，在京广线下行 K2037＋650 至 K2039＋600 处进行更换 26 号道岔及轨枕、石碴，更换钢轨及 24、28、12 号道岔整修施工。20 时 01 分 17 秒，负责 3 道北头及京广下行线移动停车信号牌设置与撤除的工地防护员刘某，在京广下行线某站内Ⅰ道 21 号岔后 K2038＋250 处把移动停车信号牌刚插好时（按施工安排，应在某站 3 道 23 号岔前北头出发信号机内方插设信号牌），被通过的 Z137 次旅客列车以 102 km/h 的速度撞上，当场死亡。构成铁路交通一般 B1 类事故。

2. 事故原因

某工务段工地防护员刘某作业中错误将移动停车信号牌设置在某站Ⅰ道，且忽视自身安全防范，未注意Ⅰ道来车，被Ⅰ道通过列车撞上致死，是造成事故的直接和主要原因。事故定工务段全部责任。

## 三、案例三："10 · 10" 某工务段作业人员责任轻伤事故

1. 事故概况

2018 年 10 月 10 日，某工务段某桥隧养修工区在车间大院进行树木修枝作业。9 时许，1 名作业人员站在竹制直梯上使用手动式电动链锯修剪大树枝干时，因梯子上端搭靠的枝干在树梢部分被锯断后向上弹起，导致梯子滑动倾倒，该作业人员从梯子上坠落受伤。经送医诊断为：左侧髂骨骨折，构成责任作业人员轻伤事故，某工务段全部责任。

2. 事故原因

(1)作业前的安全预想不充分,没有针对树木修枝这项特殊工作准备好确保安全攀登工具。

(2)自我保护意识不强,作业中未仔细观察现场情况,选好安全站立位置。工务段对人身安全教育管理不严和班组内互控互防不到位。

## 四、案例四:“2·29”某公司一名工务见习生间休时溺水身亡一般 B1 类事故

1. 事故概况

2016 年 2 月 29 日 7 时 50 分,某公司某线路车间某线路工区工长带领 6 名作业人员在西环货线某区段进行除草、整理道床作业,9 时 50 分在 K66+700 处间休。9 时 53 分,作业人员何某(2015 年 9 月入路)离开作业组前往 K66+438 处的铁路桥。10 时 10 分继续开工作业时,工长发现何某未在作业现场,随即组织寻找。10 时 15 分在铁路桥下的跃进补水渠边发现何某落水痕迹,11 时 50 分在距落水地点约 1.7 km 的跃进主水渠加来电站附近找到何某,救起后 120 医护人员现场采取急救措施,确认何某死亡。构成铁路交通一般 B1 类事故。

2. 事故原因

何某违反作业纪律,作业间休期间擅自脱离作业组和作业区域,失去劳动安全联防互控保障;缺乏安全意识,对临水危险未注意防范,洗手过程中不慎落水而发生事故。

## 五、案例五："4·11"某车务段责任铁路作业人员铁路交通一般 B 类事故

1. 事故概况

2011 年 4 月 11 日，某车务段某站货运车间主任伍某、货运值班员廖某在某站货场 17、18 道外勤货运员岗位检查完毕后，在赴某站北货场检查工作途中，沿站内南北联络线道心行走，23 时 3 分被正在执行 A101＃调车计划的调车车列背面撞倒，其中伍某（男，32 岁）当场死亡，廖某（男，40 岁）经送医院救治，初步诊断为头部外伤及全身多处软组织挫伤。

2. 事故原因

责任者劳动安全意识淡薄，有章不循。未遵守顺着线路走时，应走两线路中间，并注意邻线的机车车辆和货物装载状态。严禁在道心、枕木头上行走，不准脚踏钢轨面、道岔连接杆、尖轨等。

## 六、案例六："7·20"某工务段登高作业伤害一般 B1 类事故

1. 事故概况

2015 年 7 月 20 日某工务段何某，在某区段进行点外梁补修作业时，从作业吊架上坠落，经抢救无效死亡，构成登高作业伤害一般 B1 类事故。

2. 事故原因

何某严重违反《普速铁路工务安全规则》第 3.3.4 条

“在地面2 m以上的高处及陡坡上作业，必须戴好安全帽或安全绳”之规定，使用安全绳不规范，安全带挂钩未栓稳固，导致其坠落。同时，何某未戴安全帽，导致其高处坠落后头部受伤致死。

## 七、案例七：“11·17”沪昆线接触网施工作业人员被电击1死1伤一般B1类事故

1. 事故概况

2016年11月17日某公司按计划进行软横跨更换作业。8时45分，该公司作业人员李某在Ⅱ道上方进行作业时，上部固定绳突然断裂，致其坠落悬在上、下行线路空中，侵入下行线接触网带电设备范围。现场施工负责人在没有采取下行线接触网停电措施的情况下，立即安排3名梯车作业人员推动梯车进行施救，其中一名施救人员触碰到李某下方的短接线被电击致死，另有1名施救人员轻度电击伤。

2. 事故原因

某公司违反《电气化铁路有关人员电气安全规则》有关规定，在软横跨作业人员因固定绳断裂挂在空中、侵入接触网设备带电范围时，现场施工负责人没有采取下行线接触网停电措施，盲目安排梯车作业组进行施救，导致施救人员发生触电伤害，是造成事故的直接原因。

## 八、案例八:“9·22”某供电段作业人员中毒窒息死亡一般A类事故

1. 事故概况

2015年9月22日某供电段某高铁供电车间某高铁供电工区,5名电力线路工到某站34轴5号强排井处,下井疏通时刘某吸入有毒气体后晕倒,在地面上的黎某、余某发现后相继下井欲对刘某施救,在入井后发生晕厥,坠落到井底。落入水中的余某和黎某由消防队员携带氧气装置下井救出,经抢救无效死亡。

2. 事故原因

一是某站垃圾压缩站承包方某公司涉嫌破坏铁路行车设备、非法偷排污水污物造成强排井内产生大量有毒有害气体,是造成事故的主要原因。

二是某供电段供电作业人员在见到同事吸入有毒有害气体晕厥的危急情况时,在没有做好自身安全防护的情况下急于下井施救,吸入有毒有害气体坠落井底,经抢救无效死亡,是造成事故的次要原因。

## 九、案例九:“6·9”某公司装卸工挤压致死铁路交通一般B类事故

1. 事故概况

(1)2011年6月9日3时50分,某公司某办理站一名装卸辅助工,在未与正面吊司机联系的情况下,便进入敞车对装车前空车进行检查。在向敞车内吊装40英尺

集装箱时将该装卸工挤压致死，构成责任铁路交通一般B类事故。

(2)2011年7月15日7时45分，某公司某办理站货场内发生一起正面吊在非作业区域行驶时，碰撞路外人员致死的交通事故。

2. 事故原因

某公司多个办理站曾多次发生与正面吊有关的人身安全事故，其直接原因是现场作业人员违章、违规，但也反映了各级管理部门对货场管理、装卸管理不重视，尤其是对装卸安全工作重要性认识不足，管理体系不完善，管理基础薄弱，规章制度和作业标准不健全、落实不到位，作业监控缺失等突出问题。

## 十、案例十："11·10"某工务段铁路交通一般B1类事故

1. 事故概况

2018年11月10日，根据铁路局集团公司调度所下达的313980号施工日计划，某工务段某线路车间配合某工务大修段进行铺设无缝线路施工。施工等待过程中，在没有工作安排的情况下，1名民工擅自脱离作业群体，沿道床边坡跑下，越过两线间水沟，14时37分50秒被通过的货物列车以78 km/h的速度撞上，当场死亡，构成铁路交通一般B1类事故，某工务段全部责任。

2. 事故原因

一是对施工等点、等待作业等关键时段的安全风险

缺乏认识，管控责任不明确，现场控制不力，防护不到位。

二是对使用的民工基本信息不掌握，未对参加作业的民工作业资质进行审查核对。

三是将本应由站段组织的民工安全培训委托给车间进行，存在参培人员无签到表、培训过程未按要求全程拍照或录像等不规范的问题。

四是没有按月定期对民工队存在问题进行通报和考核。